RÉPONSE

DU CAPITAINE JACQUES BLANC

AU

CAPITAINE THÉODOSE FOUQUE

A MESSIEURS

ÉMILE MARTIN, Administrateur
ÉMILE FASSIN, Rédacteur en chef
J.-J. PEYTRET, Gérant responsable
} du journal **le Forum** à Arles.

AIX

ACHILLE MAKAIRE, IMPRIMEUR-LIBRAIRE

2, rue Pont-Moreau, 2

1866

mentis, pas plus à son égard qu'à celui d'aucun autre, dans aucune circonstance de ma vie.

J'avoue que, malgré mon honneur de marin outragé et ma digni é d'homme offensée, je suis sans passion et sans colère contre M. Théodose Fouque. Mais je ne saurais accepter silencieusement les coups d'une attaque habilement calculée et méditée, qui a duré sans intervalle dans votre feuille pendant deux mois, — que mon agresseur n'a distribué qu'à petites doses à vos lecteurs, pour rendre les blessures plus poignantes et plus cruelles.

C'est là que M. Théodose Fouque s'est fait, en un style qui défie tous les écrivains du genre, un naufrage fantaisiste, théâtral, imaginaire pour tirer, de cette œuvre descriptive, des conséquences qu'il rend odie uses envers ma conduite et s'en servir ensuite, comme point de départ, pour me signaler au mépris de tous mes confrères comme à celui de tous les marins qui auront pu lire votre feuille et son multiple *factum*.

Dominé par cette pensée, M. Théodose Fouque s'écrie dans son exorde: « Donner aux belles actions les éloges qu'elles méritent, sera donc une « œuvre de reconnaissance ; FLÉTRIR PAR LA PUBLICITÉ l'abandon de ces « sentiments d'abnégation et de désintéressement, l'oubli enfin des tra- « ditions sacrées de notre marine, ce sera une œuvre de justice ! »

Voilà l'exorde, voici la péroraison : « Un malheur n'arrive jamais seul. « Après avoir eu le malheur de faire naufrage, j'ai eu celui de trouver « un *sauveteur*. Ce dernier mot *grince* sous ma plume ; mais notre » langue française est si pauvre qu'elle ne sait pas distinguer, dans ses « qualifications, celui qui rend un service de celui *qui accomplit une* « *œuvre de calcul et de spéculation*.... Je ne puis bénir la main qui, « pour s'enrichir, vient profiter de mon malheur.

« Mon sauveteur s'appelle *Jacques Blanc*, il commande *le Bréadal-* « *banc.* » — Un peu plus loin il ajoute : « *Je proteste de toutes mes* « *forces contre ce prétendu sauvetage* du capitaine Blanc.... Il n'a pas « eu la généreuse inspiration de porter secours à un collègue..... Il a « cru pouvoir faire revivre contre moi ces anciennes lois barbares que « les Rhodiens avaient établies sur nos côtes et qui consacraient *le droit* « *du naufrage*..... Il n'aurait point rougi de prélever sa part de lion « sur les tristes épaves du naufrage. »

M. Théodose Fouque, par ce qui précède, nous révèle toute sa pensée. Il veut me *flétrir*, c'est-à-dire me déshonorer par la publicité ; j'ai été, pour lui, pire qu'un barbare rhodien ; sa plume *grince* en m'appelant *sauveteur*, parce que la langue française n'est pas assez riche pour ce capitaine ; il proteste contre mon *prétendu sauvetage;* en un mot, j'en ai imposé, j'ai menti ; je ne l'ai pas sauveté : on ne peut pas être plus explicite dans son langage, que j'ai textuellement rapporté.

Si, dès le début, les pensées de M. Théodose Fouque sont peu charitables, mauvaises ; s'il veut me flétrir, il se trompe, il s'aveugle. Si sa plume grince, la mienne court sans éclat et sans le moindre bruit. Je trouve que la langue française, malgré *sa pauvreté*, sera assez riche pour exprimer, avec une clarté parfaite, la vérité tout entière. Si quelqu'un en est flétri, j'ose espérer que ce ne sera pas le commandant du *Bréadalbane,* qui n'a jamais démérité et qui croit avoir conservé toute l'estime de ses excellents collègues de la marine d'Arles et d'ailleurs.

II.

Le naufrage, d'après M. Théodose Fouque

Relisez, Messieurs, avec attention, le récit spécial du naufrage dans votre numéro du *premier avril*, et n'oubliez pas, *pour cause*, cette dernière date... Il est là tel que le rapport de mer, remis à Bouc, l'a constaté. Je ne veux pas en changer une virgule; c'est M. Théodose Fouque, pris sur le fait.

Voici ce récit remarquable à tant d'égards et dont nous ne devons pas perdre un seul mot ; on comprendra plus tard pourquoi :

« C'était dans la nuit du 13 au 14 décembre 1865 J'étais parti de
« Marseille sur mon navire *le Prudent-Ressuscité.* J'amenais à Arles un
« chargement de blé. — Je suis assailli par un très-mauvais temps d'Est,
« à 2 ou 3 lieues au large de la fabrique de Ponteau. La mer grossit ra-
« pidement et vient à chaque instant se briser avec fracas contre le na-
« vire. Nous fatiguions horriblement ; le navire craquait de toutes parts.
« Une forte voie d'eau se déclare... Nous courons aux pompes et nous
« manœuvrons avec cette énergie que peut seule donner le désespoir....
« Vains efforts ! inutiles labeurs ! *La vague déchaînée vient à chaque*
« *instant balayer le pont et nous arracher aux pompes.*

« L'obscurité d'une nuit sombre et sans étoiles ajoute encore à l'hor-
» reur de notre situation. L'EAU S'ENGOUFFRAIT A FLOTS DANS LA CALE ! ! !..
« La manœuvre devient impuissante, le gouvernail ne transmet plus son
« impulsion , et bientôt , *comme une masse de plomb inerte* , le navire
» NE SE RELÈVE PLUS . Nous sentons *peu à peu le sol nous manquer et*
« *le* NAVIRE S'ENFONCER LENTEMENT DANS LE GOUFFRE.

« Tout espoir était perdu ; j'avais à bord un équipage d'élite, des hom-
« mes d'un âge mûr, solides et éprouvés ; mais que peut faire le courage
« dans une pareille lutte contre les éléments.

« Le canot nous restait comme dernière planche de salut. *Je m'y em-*
« *barque le dernier* et nous nous éloignons du navire.

« La situation était critique. Il nous fallait *échapper à ce gouffre*
« *tournoyant qui va élargissant ses spirales au - dessus de toute em-*
« *barcation qui sombre ;* il nous fallait éviter cette agitation , ce tour-
« noiement des eaux qui suit le naufrage et vient enrouler dans un cer-
« cle infranchissable la proie qu'elles ne lâcheront plus.

« Mais il nous en coûtait de nous séparer ainsi du navire. Nous lais-
« sions à bord ce que nous avions de plus précieux. Nos marins y lais-
« saient tous leurs effets , toutes leurs hardes et 640 fr. de nolis , pro-
« duit de trois mois de navigation pénible et peut - être l'espoir d'une
« famille nécessiteuse. Et moi j'abandonnais toute ma fortune, les effets
« de ma famille , qui se trouvait à bord avec moi et s'était jetée dans la
« chaloupe. Dans un état de dénûment complet, une somme relativement
» importante, fruit de mon travail, ma part du fret, et enfin *mon beau*
« *navire,* mon gagne pain. Il y avait un an à peine j'avais dépensé 4000
« fr., toutes mes économies.

« L'on ne s'éloigne point sans regret du lieu du naufrage , où l'on
« voit s'engouffrer à jamais le fruit de son travail et de ses peines ,
« son espoir pour l'avenir. Nous luttâmes longtemps contre la mer en
« fureur *qui menaçait à chaque instant d'engloutir notre frêle barque.*
» Nous cherchions à nous maintenir à peu de distance du navire pour
« suivre de là tous ses mouvements. Mais, dans une rafale violente, *qui*
« *nous rejeta bien loin de lui,* le fanal de la poupe disparut à nos yeux
« Nous cherchâmes longtemps et vainement ses traces ; puis jugeant à
« l'agitation des vagues que *le naufrage était consommé ,* nous nous
» éloignâmes le cœur gros. Il était temps. La fatigue et l'émotion avaient
« brisé nos forces ; le froid d'une nuit de décembre et l'humidité de ces
« eaux glaciales , dont nous étions ruisselants , avaient engourdi nos
« membres et paralysé notre courage »

En lisant le récit d'un tel événement, on se sent comme serré par un étau, oppressé comme par un horrible cauchemar. Quelle scène plus effrayante et plus lugubre, en effet, qu'un « navire qui craque de toutes « parts à trois lieues de Ponteau.... Qu'une mer qui se brise avec fracas « contre les flancs du navire ..., que des *vagues déchaînées qui ba-* « *layent à chaque instant le pont* et arrachent les marins aux pompes.... « que *l'eau qui s'engouffre à flots dans la cale!!...* »

Qu'y a-t-il de surprenant, au milieu de tels éléments en furie « que « la manœuvre devienne impuissante... , que le gouvernail ne trans- « mette plus son impulsion...., que le navire, comme une masse de « plomb, ne se relève plus, et *qu'on sente, peu à peu, le sol manquer,* « et le navire *s'enfoncer lentement dans le gouffre!!...* »

En présence de tels faits si dramatiquement racontés, M. Théodose Fouque a raison de s'écrier : « Tout espoir était perdu! Il fallait échap- « per à ce *gouffre tournoyant qui va élargissant ses spirales au-dessus* « *de toute embarcation qui sombre....* » ; et il devait, chose très na- turelle, profiter de sa chaloupe où il nous apprend « qu'il s'est embar- « qué le dernier » pour gagner la terre. En pareil cas, chacun en aurait fait autant.

Personne n'hésitera, un instant, à penser que, d'après ce récit, le na- vire a sombré, que M. Théodose Fouque l'a vu et qu'il s'est éloigné pour échapper au *gouffre tournoyant.* Ce qui le prouverait, au besoin, une fois de plus, c'est cette peinture déchirante que fait le naufragé qui suit de l'œil *son beau navire,* que le fanal de poupe, comme une clarté funè- bre, lui montre encore quelques instants pour disparaître à son tour, ce qui lui fait juger que le naufrage était consommé. Ce sont ces regrets, empreints de ce saisissement profond qu'on éprouve « en *voyant s'en- gouffrer à jamais* le fruit de son travail! » On est ému, et le juste dé- sespoir de la victime d'une telle catastrophe arrache forcément des larmes.

Vous conviendrez avec moi, Messieurs, vous qui allez au spectacle plus souvent que moi, sans doute, que vous n'avez rien entendu, dans des drames maritimes, de plus émouvant, de mieux disposé, de plus chaudement et de plus poétiquement écrit que le naufrage de M. Théo- dose Fouque. Celui de la *Sémillante* ne serait pas rendu avec plus d'effet, s'il en avait survécu un seul témoin. Heureusement pour moi et pour tous que M. Théodose Fouque a été sauvé!....,.

III.

Le naufrage vrai.

Rassurez-vous, Messieurs, sur le naufrage fantaisiste, le naufrage *in partibus* dont je viens de rappeler les phases si artistiquement tracées et calmez les émotions que ce récit romanesque a pu vous causer et excite peut-être encore en vous depuis deux mois. Vous m'avez bien autrement agité, mais par des causes toutes différentes lorsque, sans vous enquérir auprès de qui que ce soit, vous avez, pendant de si longs jours, accepté le blâme et le mépris sur un de vos compatriotes, sur un loyal capitaine marin, j'ose le dire, qui ne compte que des amis et des frères dans notre grande famille maritime. Vous le regretterez, j'en suis sûr, parce que je connais l'indépendance et l'honneur de votre caractère ; et vous n'hésiterez pas à m'accorder la réparation que je sollicite sans avoir besoin de faire appel à d'autres sentiments que ceux de votre loyauté et de votre justice.

Voici les faits, dépouillés de tout calcul et de toute spéculation quelconque :

Le 14 décembre 1865, à Bouc, vers les 5 heures du matin, les nouvelles les plus lugubres volent de bouche en bouche. *Trois* navires, dit-on, ont fait naufrage dans la nuit. On connaissait le sort de *deux* équipages, qui auraient été ou qui s'étaient sauvés ; on ignorait complètement le sort du troisième.

Pour le dire par anticipation, le navire du capitaine Théodose Fouque comptait *pour deux*, parce que ce dernier, conformément à son rapport, déposé plus tard, avait annoncé à l'équipage de la *Jeune-Feance*, qu'il *avait sombré*, et que *deux navires* ayant été vus, échoués sur le rocher de la *Léke*, environ à 50 mètres de la tête de la jetée du port de Bouc, ces *deux derniers* et le sombré fesaient *trois*. — Or, Fouque n'avait pas sombré ; il n'avait été arrêté que *quelques instants* près de la *léke*, en face du Christ de la jetée, et il avait repris sa route à toutes voiles, après avoir été abandonné par tout son équipage, ainsi que nous allons le dire en son lieu.

Je parle, maintenant, un langage plus direct à M. Théodose Fouque et je lui dis : dans la nuit du 13 au 14 décembre 1865, le vent du nord soufflait, mais sans trop de violence ; jolie brise, toutes voiles dessus, mer houleuse du sud-ouest, Vous courriez des bordées pour entrer dans le port de Bouc. Vous aperçûtes un navire qui avait toutes ses voiles au vent et que vous crutes faire la même route que vous. Vous serrez ce navire, pour serrer de plus près la jetée de Bouc et entrer de la bordée dans le port, dont vous n'étiez pas éloigné de 100 mètres ! — Nous sommes loin de *Ponteau !*.....

Mais vous ne tardez pas à reconnaître que le navire, qui, conjointement avec le phare de la jetée vous servait de guide, était échoué sur la *Léke.* Vous êtes amené non loin de lui et vous talonnez aussitôt. Vous vous croyez perdu ; il y avait de quoi ! Vous aviez commencé à manœuvrer et vous l'abandonnez. Vous perdez, non le courage, mais la tête, et tout à l'heure je vous dirai pourquoi. *Vous oubliez de jeter l'ancre,* première manœuvre d'un capitaine dans cette position — Votre femme et vos enfants étaient couchés et dans un profond sommeil. Ah ! je vous le recommande en passant, si, en mer, vous voulez conserver votre sang-froid et tout votre courage, ne menez jamais avec vous ces objets si chers, qui ne sont que les plus redoutables embarras ! — Votre chaloupe est tirée de l'avant ; tout le monde y saute. Vous dites que vous y avez sauté le dernier : c'est possible. Mais je sais que vous y étiez déjà que votre petit garçon n'y était pas encore parce qu'il cherchait ses sabots.... Je sais aussi que tous vos matelots, hommes d'élite comme vous le dites et que je ne contredis pas, n'y étaient pas tous. Il y en a un, *Marin Flot,* qui occupé de recueillir ses effets, trouva votre chaloupe partie et se vit dans la nécessité de se jeter à la mer, sans doute pour éviter, instinctivement, le *gouffre tournoyant....* auquel il pensait peu.

Vous n'aviez pas cinq minutes de navigation en chaloupe pour vous rendre dans le port. Vous accostez le premier navire que vous rencontrez ; c'est la *Jeune-France,* dont l'équipage était plongé dans le plus profond sommeil. On s'éveille à votre appel, on vous reçoit cordialement à bord ; cela devait être.

Vous n'étiez pas tranquille, Monsieur Fouque ; vous aviez plus que le regret de la perte *immense* que vous accusiez. Vous étiez soucieux et presque sombre, vous n'étiez pas convaincu, *comme votre rapport,* que votre navire eût sombré. Aussi, moins d'une heure après votre arrivée à bord de la *Jeune-France,* vous retournez sur le lieu du sinistre et vous n'y trouvez rien, pas un fragment de navire ou une saillie de mât accusant un naufrage.

A trois heures du matin, *quelqu'un*, que vous connaissez, se rend à bord de la *Jeune-France*, vous rencontre avec votre famille désolée et vous parle. Vous lui dites : « Nous avons touché un rocher. Nous « avons cru le navire entr'ouvert... Nous avons gagné le port.... Nous « sommes revenus et nous ne l'avons plus vu.... Il a dû sombrer.. . » Voilà toute l'histoire en quelques mots.

Permettez moi, Monsieur Théodose Fouque, sans vous blesser ou mortifier en quoi que ce soit, de vous dire que si votre navire n'a pas sombré, c'est votre sang-froid qui a fait naufrage, sans préjudicier à votre courage bien connu, à votre habileté de marin que personne ne songe à contester. L'époux, le père de famille, l'affection l'ont emporté sur le *loup de mer* (qualification que vous donnait votre honorable père), sur l'énergie du marin, sur le devoir du capitaine. Si l'on ne peut pas vous en louer, il faut savoir vous en excuser ; et je n'ai jamais été de ceux qui ont jeté la première pierre ... Mais ce devait être pour vous une raison de vous taire. et vous auriez dû comprendre que le silence avait quelquefois plus de merite que les intempérances de l'irréflexion ou de l'orgueil.

J'ose croire que vous n'irez pas jusques à contester les faits que je viens de rappeler. Si vous aviez la témérité de le faire, je vous dirais, aujourd'hui, que je vous mets formellement au défi d'en détruire un seul, prêt que je suis à leur donner le caractère le plus authentique et le plus irréfragable dans une enquête où tout ce qui tient aux autorités maritimes locales, à la douane et autres viendraient réduire vos déclamations à leur juste valeur Osez la provoquer cette enquête ! Encore une fois, je vous en défie.

Je regrette que mon langage soit forcé de prendre ce ton, mais je le dois, sans le mettre encore à la hauteur de mon droit Si vous n'avez pas hésité à écrire un roman qui, dépouillé de ses ornements imaginaires, devient burlesque, dois-je hésiter, moi, dans la vérité que je tiens dans la main, dont je dispose et qui est prête à vous briser par son éclat ?

Je sais, de moment en moment, ce que vous avez fait à Bouc dans la journée du 14, — combien de temps on vous y a cherché sans vous trouver, — l'heure où vous avez paru au syndicat et ce que vous y avez fait, — le moment où vous avez déposé votre rapport et ce qu'on vous a répondu, de même que l'heure à laquelle vous avez appris, avec un sentiment de stupéfaction rare, le sauvetage dont je vais parler, pour achever de mettre à néant vos trois lieues, vos craquements de navires qui ne sont, pardonnez-moi la trivialité du mot que de tristes craques, votre pont balayé et tant d'autres inventions aussi volumineuses que ridicules ; je regrette de vous le dire.

IV.

Le Sauvetage.

Je songeais peu à un sauvetage en quittant Bouc, le 14 décembre, à 7 heures du matin. Je montais le *Bréadalbane*, vapeur de 70 chevaux, me rendant, sans remorque, au canal Saint-Louis, où m'appelaient mes occupations de tous les jours. J'avais bien appris, le matin entre 4 et 5 heures, que le capitaine Fouque avait fait naufrage, mais on répétait avec douleur, que son navire avait sombré. Il n'y avait donc plus à s'occuper de son navire.

A 7 heures, en quittant le port de Bouc, je remarque un seul navire échoué sur la *Léke*, où il était ancré. Il était dans une situation telle qu'aucun secours ne pouvait lui être porté. Son équipage avait fui. Le navire portait le nom des *Deux Camarades*, capitaine Jéhan, du port d'Arles.

Je continue ma route. A 1,500 mètres environ du canal Saint-Louis, j'aperçois, non sur le thès d'*Annibal*, comme vous le dites sans le savoir et sans avoir pu le savoir, autrement que par l'exprès *Nicolle*, qui vous a été expédié par le capitaine Imbert, mais sur le thès de *Pégoulier*, un navire à la voile. Quel ne fut pas mon étonnement quand, en m'en approchant davantage, je reconnus votre navire, le *Prudent-réssuscité !* Il n'avait donc pas sombré au large de *Ponteau*, etc., etc., etc !!!...

Le vent était alors au nord, forte brise, mer clapoteuse. Seulement, je pus reconnaître facilement que le navire était beaucoup échoué. Pour le renflouer, il fallait, en premier lieu, que le navire n'eût pas de voie d'eau trop considérable, jeter la moitié de la cargaison ou peut-être davantage, ou mieux encore commencer par le soulager au moyen d'allèges. On pouvait ainsi avoir des chances de le relever. Tels étaient mes pronostics,

J'arrive au canal Saint-Louis et je trouve tous les chalans chargés. Je me hâte, après avoir pris les ordres de mon administration, d'aller vider deux Clapets en mer. A mon retour, on m'autorise à prendre un de ces clapets, à l'armer de vingt hommes pris dans les chantiers et à le diriger, muni de pompes, sur le navire échoué.

C'est ici, maintenant, Monsieur Fouque, que j'appelle votre attention spéciale et celle de tous nos lecteurs. Je ne veux pas seulement réduire à néant la fable arrogante et ridicule que vous avez composée, mais vous ôter l'envie de jamais y revenir. Vous avez commis une maladresse que tout vous défendait et à laquelle rien ne vous excitait de ma part, et vous vous êtes grossièrement trompé. Vous m'avez pris pour un autre, en vous imaginant que je serais la victime expiatoire de votre défaillance et que vous regagneriez par votre audace littéraire, celle que vous avez malencontreusement perdue comme marin. Vous avez été maladroit ; je me borne à cette seule épithète.

N'en soyez pas moins attentif (cela vous regarde) à ce que je vais vous rappeler comme des vérités, qui vous défient avec la même énergie que toutes les précédentes.....

Je suis là, non loin de votre navire, avec mon vapeur, un chalan ponté, quatre pompes, mon équipage et vingt hommes de renfort.

J'arrive à bord du *Prudent-ressuscité.* Que trouvé-je ?

1º Le panneau de devant, ou poste de l'équipage, OUVERT !!...

2º Le cappeau de la chambre du capitaine OUVERT !!. .

3º Les panneaux de la grande écoutille couverte seulement d'une toile goudronnée et NON CLOUÉE, suivant les règlements maritimes, surtout quand on transporte des marchandises craignant l'eau !!..

Est-il surprenant que les vagues, comme vous le dites, en balayant le pont, en brisant l'énergie de vos braves matelots placés aux pompes, se soient engouffrées dans la cale et aient rempli le navire? — Rassurez-vous, cependant, Monsieur Théodose ; rien, Dieu merci, ne s'est *engouffré,* ainsi que nous allons le voir ; et pour vous en convaincre, je ne suis pas seul, vous le savez déjà.

4º Le foc ou polacre amené moitié sur le pont, moitié dans l'eau, ce qui prouve que sur la *Léke* on a abandonné une manœuvre commencée.

5º La grande voile ou mestre toute déployée et orientée pour le plus près du vent ; — ce qui prouve que le navire marchait avec beau temps, dans des conditions normales et serrait le vent pour entrer au port. Cette disposition de vos voiles prouve à elle seule, sans les témoignages dont je vous écraserai quand vous voudrez, que tout s'est passé à la *Léke* comme je vous l'ai rappelé.

Mais ce qu'il y a de plus fort encore, quand on a eu une cale où l'eau de la mer s'est engouffrée, c'est ceci :

6° J'avais apporté quatre pompes; on les installe. Deux seulement fonctionnent avec celle du bord. Dans VINGT MINUTES, la cale, qui ne contenait que *de l'eau noirâtre, depuis longtemps amassée,* EST MISE A SEC ! Cette eau, à laquelle avait dû nécessairement se mêler celle que le balancement du navire pendant 4 ou 5 heures sur les sables du Pégoulier, avait causé, dans la partie de l'arrière du navire toujours la plus chargée, l'immersion de *deux rangs* de sacs. — J'avoue que quelques heures de retard pouvaient avoir des conséquences funestes.....

En même temps, je fais ancrer le navire et procéder aussitôt à son allégement. 400 hectolitres sont chargés sur le chalan. Cette partie, qui formait la moitié du chargement, était parfaitement sèche et n'avait jamais été mouillée. La plus petite quantité de la cargaison avait été très médiocrement avariée.

Nous en étions là, quand un mauvais temps nord-ouest se lève ; il gêne notre opération et rend nécessaire l'appel de sept nouveaux travailleurs, que j'envoie prendre avec mon vapeur. Ce renfort arrivé, au bout de deux heures j'ai la satisfaction de voir flotter le navire. Je le remorque avec le chalan et je les amène l'un et l'autre dans le canal Saint-Louis. Navire et marchandises, tout était sauvé sans dégats par vingt-sept hommes et mon équipage dans un rude labeur de toute une journée. Le *Prudent-ressuscité* fut aussitôt confié par moi à la garde d'un brave pilote balisseur, le sieur Mauche, qui a su rendre exactement et fidèlement tout ce qui lui avait été confié.

<h2 style="text-align:center">V.</h2>

Négation de sauvetage. — Divagations.

Vous avez, Monsieur Théodose Fouque, décrit le naufrage le plus saisissant, le plus dramatique de notre époque et à côté duquel pâlissent toutes les mauvaises fortunes de mer, et vous niez votre naufrage !

Votre navire, abandonné sur un écueil par vous et votre équipage, ce navire *que vous avez vu sombrer* et dont vous vous êtes éloigné pour éviter *le gouffre tournoyant,* a été sauveté, et vous niez le sauvetage !

Et vous croyez qu'il suffise en présence de faits irréfutables, pour faire accepter vos déclamations audacieuses, de vous écrier : « Je pro-« teste de toutes mes forces contre ce prétendu sauvetage du capitaine « Blanc ! »

Ce n'est que de l'aveuglement. On ne réfute pas de telles aberrations.

Il faut le reconnaître, vous étiez dans une position morale affreuse. Vous compreniez que vous aviez manqué à quelque chose de grave dans l'accomplissement de vos devoirs. Vous aviez besoin de réparer cette si-'tuation par quelque chose ; tel a été le point de départ de vos descriptions inouïes, de vos hallucinations maritimes, de vos rêves, de vos contradictions, de toutes les étrangetés lancées pêle-mêle par votre plume *grinçante*, par toutes vos divagations enfin.

Tel n'a pas été votre premier sentiment, Monsieur, le jour même de votre malheur. Vous saviez que vous aviez à Bouc un ami dévoué, et je vous remercie de vous en être ressouvenu. Le 14 décembre, à 8 heures du matin, après mon départ pour le canal Saint-Louis, un de vos braves matelots — Marin Flot — vient annoncer à ma femme le sinistre qui vous avait frappé et recommander votre famille à ses soins. Madame Théodose et ses deux enfants furent aussitôt accueillis avec un empressement et un dévoûment pour lesquels je ne viens réclamer ni vos remercîments, ni le prix Monthyon. Les vêtements de ma femme devin-rent aussitôt ceux de la vôtre ; des vêtements furent aussitôt empruntés pour vos enfants, que nous caressions comme s'ils avaient été les nôtres, en consolant votre épouse. Comme je n'ai qu'un pied à terre à Bouc, je ne pus, après leur dîner et leur souper, les faire coucher chez moi à mon grand regret. Et ils partirent pour Arles le lendemain matin. — Trouvez-vous qu'il y ait là beaucoup *de calcul et de spéculation ?...*

Quant à vous, Monsieur, dans le même temps et après votre sauvetage, rappelez-vous toutes les communications que vous m'avez faites le sentiment de bienveillance et de générosité qui a dicté toutes mes réponses. C'était de la vie intime, de la sympathie, de la véritable confraternité. Et vous avez si tristement rompu avec tout cela.... tant pis pour vous !

Quand vous *raisonniez* votre situation vraie, elle pouvait, malgré votre faute capitale, se soutenir, sinon par tous les côtés, au moins par quelques-uns. Votre navire était assuré et par conséquent plus de déclamations sur le *beau navire* et tout ce qui pouvait s'y rapporter. — La marchandise était assurée ; vous aviez à vous défendre contre les assureurs ; c'était votre affaire. Si par le résultat d'un double procès avec les assureurs du navire et du fret, vous aviez été atteint par une responsabilité quelconque à mon égard, vous savez avec quel abandon je vous rassurais à cet égard. — Et je suis, aujourd'hui, un homme de calcul et de spéculation ! Vous n'y croyez pas.

Vous connaissiez, comme vous connaissez parfaitement encore, ma position dans le canal Saint-Louis. Elle n'a pas besoin d'être expliquée. J'exécute chaque jour et à chaque moment les ordres qu'on me donne. L'honorable compagnie que je sers n'a pas besoin d'être louée. Tous nos marins savent les sentiments qui l'animent, l'empressement qu'elle met, sur une plage dangereuse et déserte, à être utile à tous, — le désintéressement qui la distingue, — les procédés loyaux qu'elle emploie et dont vous avez été le premier à vous plaindre, quand tout crie contre vous.

Croyez-vous, par exemple, que si le *Prudent-réssuscité*, au lieu d'avoir été abandonné, avait eu, à son bord, sur le *Pégoulier*, *une seule voix* pour appeler du secours, les choses en seraient là où elles en sont? Chacun se serait fait un devoir d'accourir, de vous porter avec énergie tous les secours dont il aurait pu disposer et vous aurait, sous votre commandement, donné main-forte à vos risques et périls. Vous auriez eu un remorquage ordinaire, s'il avait pu s'effectuer, et personne n'aurait songé à faire pousser par votre poitrine ces gros mots, qui ne sont que cocasses dans l'espèce, de « lois barbares en droit de naufrage. ., part « de lion sur les tristes épaves...., œuvre de calcul et de spéculation...» et autres balivernes déclamatrices de ce genre.

Mais votre navire était muet! le *Prudent-ressuscité* portait le deuil de son maître !.... Que faire? Ce que la raison et le dévoûment inspirent, — sauver, avec les plus grandes précautions possibles, tout ce qui pourra l'être. Ce n'est plus du remorquage, mais un sauvetage : il a été complet.

A ce point, Monsieur, non ma conduite, je pense, mais les conséquences, pour vous, de ma conduite vous troublent et vous irritent. Vous appelez mon devoir, *calcul*; et vous donnez à ma conduite le titre de *spéculation*. Vous intervertissez les rôles et vous ne remarquez pas que s'il y a calcul et spéculation, ils sont tous de votre côté.

En effet, vous voulez passer pour avoir fait le naufrage le plus horrible des temps modernes et, par une contradiction des plus étranges, et après avoir vu sombrer votre navire, vous dites, dans votre cinquième et dernier article : « Qu'était devenu mon navire? » Singulière question

que celle-là, quand on sait le reste ! — Et puis le navire est retrouvé....
Ah ! voici les épines. Qu'allez-vous dire aux assureurs ? Qu'allez-vous
répondre ? Il faut changer de thèse et soutenir, dans des termes équivo-
ques, que vous aviez « *un doute poignant,* » que vous ne l'avez pas
perdu de vue et, probablement, que c'est votre navire qui a cessé de
vous voir.... C'est cela. Votre thème est trouvé et vous allez admirable-
ment broder sur cette toile d'araignée.

Alors, vous ne m'attaquerez plus sur les faits, par la raison des choses,
mais par le sentiment. Vous mettrez à votre service une petite queue de
chien d'Alcibiade pour détourner l'attention du point qui doit la fixer.
Vous serez d'autant plus heureux que vous n'aurez rien à inventer mais
à traduire de magnifique hors-d'œuvre, qui pouvaient se passer de bour-
souflures sans rien perdre de leur mérite et de leur véritable valeur.
Elles n'ont, ici, qu'un avantage pour vous, c'est de déplacer la question,
d'en changer les termes et de raisonner sur des faits sans analogie. Il
n'y a pas un seul sauvetage dans ce que vous citez ; il n'y a que des secours que personne ne refuse et en face desquels je n'ai jamais été en
défaut en pareille occurrence.

Je pourrais, à mon tour, me procurer le luxe de citations nombreuses
ayant, je le suppose , plus d'à-propos que les vôtres. Permettez - m'en
quelques-unes :

1º Vers la fin de 1849, l'allége *le Grand-Orient*, capitaine *Théodose
Fouque* (n'est-ce pas vous ?), démâté par le travers de Carri , remorqué
par *l'Albatros* , capitaine *Moreau* , a payé 650 fr. ? — Comme il doit
avoir fait *grincer votre plume*, celui-là !...

2º *Le Castor* , capitaine *Barjavel*, démâté par le travers de *Rives* ,
remorqué et conduit à Marseille par le *Marius-Athalie*, capitaine *Fage*,
a payé 250 fr. — M. Barjavel n'a pas *grincé* des dents. que je sache.

3º Le capitaine *Bourguet* , commandant le vapeur *le Saunier* , aper-
çoit, au large des isles de Marseille , un navire en détresse , vole à son
secours et l'amène au port : c'était *la ville de Frontignan* , capitaine
Roux, qui a payé 450 fr., sans se les faire demander.

4º Le vapeur *la Vénus* , de station au port de Bouc depuis quatre à
cinq ans , ne reçoit, chaque jour, des compagnies d'assurance , que des
félicitations et des immuuités. L'an dernier, un brick italien échoua sur
le travers de *Ponteau. La Vénus* vole à son secours. *Dans moins d'une*

demi-heure, le brick fut amené au port et 350 fr. furent comptés , avec reconnaissance, par le commandant du navire renfloué , *qui n'avait pas quitté son bord*, et qui ne se plaignait pas *du gouffre tournoyant*....

5° Pour avoir simplement allongé une maille à terre, dans l'intérêt du navire *le Bon-Père*, commandé par mon beau-frère, le capitaine Souve, comptable du pont, a exigé 70 fr. qui lui ont été comptés de la meilleure grâce du monde.

Combien ne pourrais-je pas vous en citer d'autres ! Mais quelle force ces exemples ajouteraient - ils à votre argumentation ? Tous ces cas se rapportent à des navires non muets et abandonnés , comme l'était le vôtre, mais à des navires que leurs capitaines et leurs équipages défendaient courageusement pour obéir à leur devoir.

VI.

Un autre écueil.

Après vous être sauvé, Monsieur, vous cherchez à me pousser dans les écueils. Vous n'y réussirez pas.

A propos de votre réputation de marin , d'un naufrage sur lequel j'en ai assez dit, de faits personnels sur lesquels je me suis suffisamment expliqué , d'un calcul et d'une spéculation que je crois avoir mis à leur place , vous cherchez à m'attirer sur le terrain judiciaire. Vous conviendra-t-il mieux ? j'en doute. Mais, par respect pour mes juges, je me garderai bien de vous y suivre. Restons ce que nous sommes ; nous y gagnerons l'un et l'autre

Les divagations , paraît - il , vous coûtent peu. Dans les rôles divers dont vous vous affublez, vous prendriez , sans hésitation , celui de procureur ou d'avocat. Permettez-moi de ne pas dénaturer mon rôle ; et si j'ai un bon conseil à vous donner, c'est de ne pas changer le vôtre. Laissons aux tribunaux et aux personnes qui les éclairent de leurs lumières, le soin de discuter, de commenter, d'ergoter même comme vous le faites, sur l'ordonnance de 1681 et ce qu'elle accorde sur un navire sauvé en mer ou en vue des côtes ; —laissons à une discussion sérieuse et approfondie les interprétations dont peut être susceptible l'ordonnance du 17 juillet 1816 ; tout cela ne regarde ni vous ni moi. Répétons ensemble , avec un certain fabuliste :

> « Chacun son métier ,
> « Les vaches seront mieux gardées. »

Je ne puis cependant méconnaître que , par-là encore , vous avez été adroit. Vous avez habilement saisi l'occasion d'une réclame judiciaire. Vous avez loué vos juges, qui n'ont pas plus besoin de vos éloges que des miens. Bornez - vous à les respecter et croyez que vous rendrez , ainsi , un plus sérieux hommage aux Magistrats et aux convenances publiques.

J'en ai fini avec vous. Si quelque chose vous blesse dans mes révélations, vous ne l'imputerez qu'à vous-même Vous m'avez attaqué d'une manière acerbe, insolite, injurieuse et diffamatoire ; et je vous ai répondu par des faits qui n'attendent qu'une manifestation authentique , si vous osez la provoquer.

Entre vous et moi, il y a un homme qui en impose. Le public jugera si c'est *Jacques Blanc , commandant le Bréadalbane* , ou *Théodose Fouque*, commandant le navire sombré *Prudent-Ressuscité !*

VII.

Quant à vous, Messieurs du *Forum* , qui avez prêté un accès si facile à M. Théodose Fouque, pendant près de deux mois, je compte sur votre impartialité et votre justice pour obtenir la satisfaction qui m'est due. J'aime à croire que vous ne laisserez pas naître , un instant , dans mon esprit , la pensée de vous contraindre à publier ma réponse dans votre plus prochain numéro.

Moins cruel que mon antagoniste , je désire que vous ne lui versiez pas, comme il l'a fait , goutte à goutte sur la tête, ma prose vengeresse.

Je n'aime pas à faire souffrir ; et , si vous le pouvez , finissez - en d'un seul coup.

Et agréez, Messieurs, mes sentiments les plus distingués,

JACQUES **BLANC** , Capitaine marin ,
command^t le vapeur *le Messager*.

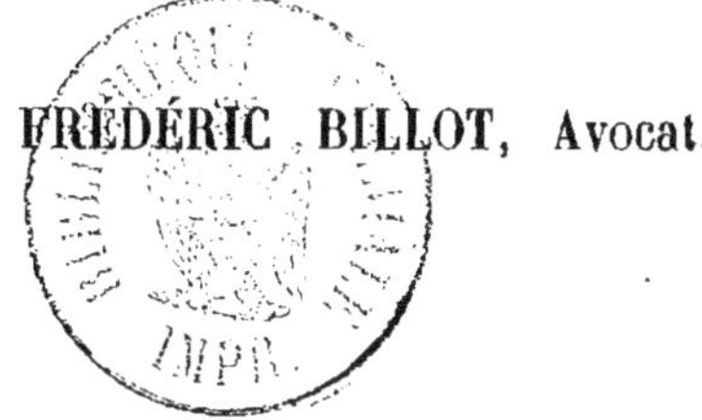

FRÉDÉRIC BILLOT, Avocat.

Port-de-Bouc, le 6 mai 1866.

[illegible handwritten annotation]